AF499785

MEMOIRE JUSTIFICATIF

POUR LE CITOYEN FRANÇOIS

A-P. MONTESQUIOU,

Ci-devant GÉNÉRAL de l'armée des Alpes.

Précédé & suivi de Piéces importantes.

Novembre 1792, l'an 4e de la liberté.

LETTRE

De Mr. MONTESQUIOU,

Général de l'armée des Alpes,

AU

PRÉSIDENT DE LA CONVENTION NATIONALE.

CITOYEN PRÉSIDENT,

LE plus remarquable & le plus beau ſans doute, des droits ſolemnellement proclamés par la Nation Françoiſe, eſt le droit de réſiſter à l'oppreſſion. Son uſage ſuppoſe ſeulement quelque proportion entre les forces; mais lorſque cette proportion n'exiſte pas, il eſt un autre droit plus inconteſtable encore & tout auſſi ſacré, c'eſt celui de fuir l'oppreſſion, à laquelle on ne ſauroit réſiſter. Voilà le droit que j'ai exercé, & je ne devois pas m'attendre à me voir réduit à la néceſſité d'y recourir.

Lorſque ſur des calomnies, ſans aucune preuve, ſans corps d'accuſation, même ſans faits articulés, ma deſtitution fut demandée le 23 Septembre par M. Tallien, ſollicitée par M. Danton, jugée néceſſaire par M. Chabot, & décrétée à l'unanimité par la Convention Nationale; j'y répondois au même inſtant par la conquête de la Savoye, par les bénédictions des peuples, par l'exemple unique dans l'hiſtoire, d'une modération ſi propre à faire chérir le nom François par tous les amis de l'humanité. J'étois bien ſûr, au moment où je fus inſtruit du décret de deſtitution, qu'il ne ſubſiſteroit pas; mais je ſentis que ceux qui l'avoient provoqué ne me pardonneroient jamais leur mépriſe. J'eus l'honneur de ſolliciter auprès de la Convention Nationale ma deſtitution volontaire; je ne demandois pour prix de mes ſervices, que le droit de vivre ſur le territoire François, d'y vivre tranquille, loin de toute affaire & de toute ambition; pourquoi cette grace me fut-elle refuſée? Elle eut rempli tous mes vœux.

Depuis cette époque une miſſion nouvelle m'a été confiée; le Conſeil Exécutif m'a chargé de marcher à Geneve, de demander la ſortie des troupes Suiſſes qui y avoient été appelées, d'employer la force ſi elle devenoit néceſſaire, mais de ne l'employer que ſi les moyens de conciliation étoient inutiles: un Décret de la Convention Nationale, du 17 Octobre, conſacra ces diſpoſitions, en ordonnant expreſſément de reſpecter la neutralité de Geneve, ſi la ſortie des Suiſſes s'opéroit d'une maniere amicale. Telles ont été mes inſtructions; &

je dois le dire à la louange du Miniſtre des affaires étrangères, ſa doctrine dans toute cette affaire a toujours été celle d'un homme d'honneur, & les réſultats du Conſeil Exécutif qui m'ont été tranſmis, ont toujours été conformes à ſes principes.

Mais il exiſte dans ce même Conſeil un homme qui, affamé de vengeances perſonnelles contre Geneve, a eu l'audace de croire que je conſentirois à en être le miniſtre, & qui n'ayant pu faire de moi l'inſtrument de ſes fureurs, m'a dévoué pour en être la victime.

Cet homme exilé de ſon pays en 1782, rappelé en 1790, répondoit à ceux de ſes compatriotes qui l'invitoient alors à retourner dans ſa patrie, qu'*il n'y rentreroit jamais qu'une torche à la main;* & ce vœu ſacrilége, il s'eſt cru au moment de le voir exaucé.

Dans les tranſports de ſa joie indiſcrète, au premier inſtant de l'invaſion des Etats du Roi de Sardaigne, il écrivoit à un Genevois, & le chargeoit d'annoncer à ſes concitoyens, que j'aurois ordre de me préſenter à leurs portes, & qu'il n'y auroit de ſalut pour eux que dans leur ſoumiſſion.

C'eſt uniquement à cette lâche impoſture de M. Claviere, impoſture qu'il n'a pas craint d'avouer & de confirmer dans une lettre toute entiere de ſa main, que l'on doit attribuer les juſtes alarmes des Genevois. Qu'on ne s'y trompe donc plus, ce n'étoit pas contre la France, ce n'étoit point pour ſoutenir l'ariſtocratie des Magiſtrats, bien moins encore pour ſe coaliſer avec la ligue des Rois, que les Conſeils de Geneve avoient invoqué des troupes Suiſſes ; c'étoit uniquement pour ſe garantir de l'effet ſubit des menaces de M. Claviere ; & c'eſt ainſi qu'il les entraîna dans un double piége, les menaçant d'abord d'une invaſion, pour les engager à appeler une garniſon Suiſſe, & ſe ſervant enſuite de cet appel pour faire marcher une armée Françoiſe contre Geneve. S'il n'a point réuſſi à aſſocier le Général de cette armée à ſes projets ſiniſtres, c'eſt qu'il eut l'imprudence de les lui dévoiler dans une lettre atroce, qu'il m'écrivoit avant même de connoître cet appel des Suiſſes ; lettre dans laquelle il me découvroit le ſecret honteux de ſon ame.

Je ne penſai point, je l'avoue, que la Nation Françoiſe dût épouſer les haines d'un particulier ; je mis entiérement de côté la politique perſonnelle de M. Claviere, & je ne diſſimulai point au Miniſtre avec qui mon devoir me faiſoit correſpondre, les vœux que je formois pour que la violence ne déshonorât point le premier uſage, que la France libre alloit faire de ſa force, contre le plus foible de ſes voiſins. Bientôt le Conſeil Exécutif partagea ouvertement ces vœux ; bientôt la Convention Nationale conſacra par un Décret les principes de juſtice dont je m'étois déclaré l'apôtre ; mais bientôt auſſi j'acquis des preuves multipliées que M. Claviere me croiſoit avec activité dans l'exécution des ordres de paix que m'adreſſoient ſes Collégues.

Il ne me reſte plus qu'une maniere de ſervir ma patrie ; c'eſt de l'éclairer ſur l'horrible abus qu'un ſcélérat a fai de ſa confiance : Citoyen Préſident, je vous le dénonce comme un Miniſtre à qui tous les moyens ſont indifférens. Profondément hypocrite, mais heureuſement encore plus inconſidéré ; ſa correſpondance que je publierois à l'inſtant même, ſans les rapports qu'elle a néceſſairement encore avec les ſecrets de l'Etat, ſa correſpondance eſt un monument exécrable de haine, tantôt indiſcrète, tantôt cachée ; mais toujours agiſſante: elle peint à chaque ligne l'ame d'un brigand ; elle porte à la fois le cachet de l'inſolence, de la lâcheté, de la fourberie, & ſur-tout celui de la plus étonnante inconſéquence.

Vous y verriez d'abord tout ce qu'il a remué de reſſorts pour engager la querelle avec Geneve ; qu'enſuite lorſqu'il l'a jugée interminable, il a fait ſemblant de s'attendrir ſur le ſort de ſon infortunée patrie, & de me demander grace pour elle ; qu'enfin lorſque j'ai fait renaître la paix ſous le ſceau de la confiance, il n'a pu contenir ſa rage, il n'en a plus diſſimulé les tranſports.

Vous y verriez que tour à tour, il m'a propoſé de détruire Geneve & de m'en emparer, d'en careſſer les habitans, *de les raſſurer ſur leur indépendance dont ils ſont*, me diſoit-il, *très-jaloux*; puis *d'y mettre garniſon Françoiſe ;* puis de me borner à en faire ſortir les Suiſſes, (ce qui ne pouvoit s'obtenir qu'en prenant l'engagement ſacré de n'y jamais faire entrer de François,) & enſuite *d'y exciter* quelqu'agitation intérieure *pour les y faire appeler & introduire ſans avoir recours à aucune hoſtilité.* Tantôt il m'écrit *que la poſſeſſion de Geneve lui paroiſſoit abſolument néceſſaire pour affermir la révolution Savoisienne ;* tantôt qu'*il seroit affreux de voir les François libres aux prises avec les peres de la liberté.* Dans une lettre, il provoque les moyens violens ; dans une autre il recherche ceux de séduction : *ce sont des fêtes qu'il m'invite de donner à Versoix aux habitans de Geneve & du pays de Vaud ; il me promet au nom du Conseil tout l'argent qu'il faudroit pour ce genre de guerre & pour cette maniere de les municipaliser, qui*, dit-il, *en vaut bien une autre.* Un jour il me sollicite de ménager les capitalistes Bernois & Genevois, pour en obtenir un emprunt dont il m'assure que la France a le plus urgent besoin : le lendemain, lorsqu'il apprend que ma loyauté a obtenu leur confiance & leur estime, il m'écrit avec aigreur, *que les imbécilles, malgré toutes leurs belles apparences, ne valoient pas qu'un esprit éclairé s'occupât d'eux, si ce n'est pour les humilier.* Je cherchois à lui faire sentir combien l'emploi des moyens violens contre Geneve répugnoit à tous les principes du droit des gens, & étoit indigne du caractere généreux que venoit de déployer la Nation Françoise. Il me répondoit que *sa ferveur pour moi redoubleroit, lorsque je lui apprendrois que ses compatriotes étoient sauvés ;* & enfin lorsque je lui appris qu'ils l'étoient, il m'annonça (ce sont ses dernieres paroles) *que si je ne me mettois pas à l'ordre du jour, tous mes talens seroient perdus, & que mon existence ne seroit semée que de désagrémens.*

Mais je n'ai rien dit encore, en ne vous parlant que

de ce qu'il m'écrivoit; il n'eſt preſque pas une déciſion du Conſeil qui, au moment où elle m'étoit tranſmiſe par le Miniſtre des affaires étrangeres, ne fut déjouée par quelque lettre ſecrète de M. Claviere, & ces lettres prétendues ſecrètes, paſſoient bientôt de main en main, puiſqu'elles ſont parvenues juſques dans les miennes: j'y ai vu qu'il tentoit d'empêcher les Genevois de renoncer à la réſerve du traité de 1584, dont M. le Brun exigeoit le retranchement. Sans doute il nourriſſoit l'eſpérance que leur refus rameneroit le Conſeil Exécutif aux meſures violentes, qu'il n'avoit encore pu lui faire adopter; & c'eſt en paroiſſant s'intéreſſer à ſa patrie, que cet homme aſtucieux laiſſoit entrevoir à ſes compatriotes, qu'un tel ſacrifice n'étoit pas indiſpenſable, & que le refus ſeroit ſans aucun riſque.

Ses manœuvres pour me croiſer dans ma négociation avec le Corps Helvétique, n'ont pas été moins criminelles, & j'en ai également eu la preuve: tandis qu'il m'annonçoit que c'étoit à lui que je devois ce nouvel honneur, tandis qu'il me conjuroit de m'aſſurer de la neutralité de l'Helvétie, informé qu'il étoit, que ma réputation m'y avoit précédé, & que j'avois obtenu la confiance des Suiſſes, avant même que je fuſſe appelé à leur en demander ce premier témoignage, il travailla ſous main à me l'enlever; il ſe hâta de mander à Geneve & par contre-coup en Suiſſe, contre toute vérité, que j'étois chargé d'obtenir, non pas ſeulement l'inviolabilité de la neutralité Helvétique, mais ſa rupture contre les ennemis de la France.

Dans la négociation avec Geneve, plusieurs mémoires m'ont été fournis par lui, & je devois les croire propres à me guider. Tous, ils étoient faits pour me compromettre, par la fausseté des citations & par les piéges dans lesquels il cherchoit à envelopper ma bonne foi. N'a-t-il pas trompé depuis M. le Brun lui-même, lorsque sur sa parole il a donné à M. Genets des instructions qui sembleroient dictées par la plus honteuse ignorance, si Geneve n'en avoit pas été l'objet, & si M. Claviere n'étoit pas Ministre !

On croiroit peut-être qu'aigri par le malheur, je parle aujourd'hui le langage de la passion, & l'on pourroit me reprocher d'avoir gardé le silence, alors que la vérité pouvoit être utile, & que j'avois encore le droit de me faire écouter. Loin de moi ce reproche : tant que j'ai vu le Conseil suivre une marche franche & loyale ; tant que les lettres de M. le Brun m'ont donné des témoignages d'approbation & de confiance, j'ai dû croire que M. Claviere étoit connu de ses Collégues. Dès que son influence ne me paroissoit plus dangereuse, pourquoi aurois-je révélé ses turpitudes ? Mais lorsque je reconnus mon erreur, lorsque je vis que l'ennemi ne s'étoit caché que pour se rendre plus redoutable, j'écrivis le 2 Novembre une lettre particuliere à M. le Brun, pour l'avertir de ce que j'appelois encore les imprudences & les indiscrétions de M. Claviere : mais à l'arrivée de M. Genets, à la vue des instructions dont il étoit porteur, je ne pus contenir ma juste indignation ; j'écrivis à M. Vergniaux, que je connois peu, mais que j'estime. Avec moins de détails que je viens de vous en faire, je lui faisois cependant connoître la vérité; je lui en disois assez pour qu'il put apprécier les vues du Machiavéliste, leur opposition aux vrais intérêts & à la gloire de ma patrie, & qu'il put juger les principes qui m'avoient guidés. J'envoyai copie de ma lettre au Ministre de la justice, dont j'ai été le Collégue, & que j'ai toujours regardé comme un Citoyen vertueux; je joins ici copie de cette même lettre, pour vous prouver que ma façon de penser ne tient point aux circonstances où je suis: mais le jour où ces dénonciations inspirées par le desir d'empêcher une grande injustice, partoient pour Paris, ce jour-là même, le lâche ennemi qui vouloit prévenir mes poursuites, & qui sans doute me jugeoit capable de les pousser aussi loin que l'honneur de mon pays & le mien l'exigeroient, avoit trouvé le secret de me faire dénoncer à la Convention Nationale sous un prétexte absurde; & dès le lendemain de me reprendre, environné de toute la défaveur d'une accusation honteuse, pour m'imprimer plus facilement le sceau de l'indignation nationale.

Dans le même tems, les papiers publics parurent inondés des mêmes reproches, dont la derniere lettre de M. Claviere étoit l'original ou la copie: mille agitateurs dispersés dans les divers cantonnemens de l'armée y répandoient avec profusion ces infâmes pamphlets; ils crioient hautement à la trahison, & cherchoient à persuader aux soldats que j'avois fait racheter pour mon propre compte le pillage de Geneve qui leur appartenoit: enfin, la haine si féconde en calomnies me poursuivoit à la fois aux environs de Geneve & dans ma patrie; elle s'agitoit en tout ſens, & ſon étonnante activité me prouvoit aſſez que M. Claviere en ſécouoit les flambeaux: je n'oppoſois à toutes ces déclamations que le calme de l'innocence & la fermeté de mes principes.

Le 10 Novembre, on reçut à Geneve, une lettre d'un des affidés de M. Claviere; il mandoit de Paris, qu'il avoit la promeſſe de ma deſtitution : l'avis m'en fut donné; il ne m'étonna pas, j'avois bien été deſtitué déjà le 23 Septembre; je méritois tout autant de l'être le 10 Novembre; je ne le redoutois pas davantage; mais les deux jours ſuivans s'étant écoulés ſans qu'il m'arrivât la moindre nouvelle, je pus croire que cette fois du moins, l'intrigue avoit échoué.

Le 13 au matin, avant le jour, on vint me dire qu'un homme faiſoit des inſtances pour me parler; je le fis entrer dans ma chambre. Attaché à mon ſort par la ſeule impreſſion que ma conduite lui avoit faite, & par cette eſtime qui conſole les bons de la haine des méchans, cet homme avoit réuſſi à dévancer le courier parti avec l'ordre de ma deſtitution. Il m'aſſura que je n'avois pas plus d'une heure pour échapper aux ordres dont j'étois menacé: quoique je cruſſe M. Claviere capable de tout, en recherchant les divers prétextes que la malveillance avoit pu ſaiſir, je n'en voyois aucun qui pût donner lieu à des violences: je pris le parti d'attendre. Deſtitué, ma réſignation n'avoit pas même le mérite d'un ſacrifice. Mandé à la Barre, j'obéiſſois avec confiance; mais ſi je devois être ſaiſi comme un vil criminel, l'assassinat alors, avoit de trop grandes convenances; je résolus de m'y soustraire.

Un heureux hazard acheva de lever mes doutes. Entre huit & neuf heures, je vis entrer dans ma cour une voiture en poste; j'en vis descendre deux hommes qui m'étoient inconnus, ils disparurent aussi-tôt; je sus qu'ils avoient demandé l'Officier-Général qui commandoit après moi; qu'ils étoient chez cet Officier-Général, *M. d'Ornac*, & que déjà des ordonnances étoient parties : il ne fut pas possible alors de me dissimuler que l'on étoit résolu de se saisir de ma personne; je ne délibérai plus un seul instant, je montai à cheval, j'arrivai à Geneve un quart d'heure avant que l'ordre de m'arrêter fut parvenu à nos premiers postes; je pris le prétexte d'une visite de cantonnement sur les bords du lac pour obtenir un bateau, & au bout de deux heures, je fus à l'abri des recherches.

Je ne fais que traverser la terre hospitaliere d'où je vous écris. Dans quelque lieu que je me retire, je ne cesserai de faire des vœux pour mon pays; jamais je n'aurai de rapports, ni directs ni indirects, avec ses ennemis. J'en trouverai moi-même par-tout où la révolution Françoise est haïe; mais par-tout où la vertu malheureuse est persécutée a des amis, je trouverai des consolateurs. Je sais quels noms odieux me seront prodigués par ceux dont j'ai trompé la rage; mais devois-je me laisser traîner captif chez un peuple égaré, qui peut-être ne se souvient déjà plus que mon nom étoit mêlé nagueres à ses premiers chants de victoire! devois-je m'y laiſſer traîner captif alors que l'accuſation & l'aſſaſſinat dérivent encore immédiatement l'un de l'autre ! devois-je y comparoître devant l'homme qui de Miniſtre de la juſtice eſt devenu Législateur tranquille, après s'être vanté à la Tribune d'avoir apoſté un aſſaſſin près de moi, & de lui avoir donné ſes ordres !

Tant que la liberté de ſe défendre & la certitude d'être entendu & légalement jugé, ne ſeront pas l'inviolable propriété des accuſés, daignez pour votre propre gloire, prendre les plus grandes précautions pour que l'art de provoquer par intrigue des Décrets d'accuſation, ne devienne pas entre les mains d'un Miniſtre pervers, un ſupplément terrible aux lettres de cachet; daignez ſur-tout ne pas confondre celui qui peut-être, vous épargne un crime involontaire, avec ceux qui ont mérité la juſte ſévérité des loix. Je vous l'ai déjà dit, mandé à la Barre de la Convention Nationale pour lui rendre compte de ma conduite & même de ma vie entiere, je m'y ſerois rendu ſans héſiter. Je n'avois rien à craindre & rien à cacher; mais toujours prêt à braver la mort en ſervant ma patrie, je la veux du moins honorable, & je ne la recevrai pas de ceux qui ont converti les aſiles de la loi en boucheries d'hommes, & qui, ordonnateurs & exécuteurs, inſultent à leurs victimes & couvrent leurs forfaits, du nom ſacré d'un peuple, qui en eſt innocent & qui les déteſte.

Je m'attends à leurs rugiſſemens, lorſqu'ils apprendront qu'une nouvelle proye leur eſt echappée; puiſſent leurs fureurs être à vos yeux un préjugé en faveur de mon innocence, comme elle le ſera à ceux de la poſtérité ! Proſcrit de ma patrie pour prix des plus fideles ſervices, s'il m'étoit poſſible de goûter encore quelque conſolation, j'aurois du moins celle d'avoir joui de la reconnoiſſance du peuple dont j'ai briſé les fers, d'emporter l'eſtime de ceux avec leſquels j'ai négocié, & je ſerois en droit de compter pour quelque choſe encore, l'avantage de pouvoir m'honorer du nom de mes ennemis.

A-P. MONTESQUIOU.

MÉMOIRE JUSTIFICATIF DU GÉNÉRAL MONTESQUIOU,

En réponſe au rapport de M. ROVERE, *fait à la Convention Nationale le 9 Nov. 1792.*

J'IGNOROIS le nom de mes accuſateurs & les motifs précis de l'acte de rigueur décerné contre moi, lorſque j'écrivis au Préſident de la Convention Nationale, la Lettre que l'on vient de lire. Le Moniteur du onze, m'apprend enfin quel eſt l'aſſemblage de griefs accumulés contre moi, dans un rapport fait par M. Rovere, au nom des trois Comités diplomatique, de la guerre & de ſûreté générale. Il m'eſt impoſſible de comprendre où le Rapporteur a puisé l'étonnant amas d'impostures, sur lesquelles il a établi la base de ses conclusions. Il n'y a pas un seul fait dans ce rapport qui ne pût être démenti par vingt piéces originales. Il n'y a pas une assertion à l'appui de laquelle il fut possible d'administrer la moindre preuve : seroit-il donc téméraire à moi de demander à M. Rovere où sont les matériaux de son inconcevable ouvrage ? Les Comités au nom de qui son rapport a paru, souffriront-ils que l'autorité de leur témoignage, consacre le mensonge sur la foi seule d'un rapporteur infidèle ? On ne refusera pas du moins à un accusé, que dis-je, à un condamné, l'usage du premier des droits naturels, celui de défendre son honneur, & de faire entendre la vérité. Forcé d'entrer dans le détail de tous les chefs d'accusation inventés contre moi, forcé de donner la preuve matérielle de chaque mensonge de M. Rovere, j'interpelle sur chaque fait, ces Ministres détenteurs des piéces originales que je cite, la bonne foi des Comités dont l'assentiment a du moins été supposé, puisque ce rapport a été fait en leur nom, & la justice de la Convention Nationale, qui impudemment trompée, ne peut persister dans un jugement où sa Religion a été évidemment surprise.

Premier grief du Rapporteur.

Montesquiou a quitté son armée comme La Fayette ; il a fait des pétitions, il a exagéré les forces du Roi de Sardaigne.

Il

Il eſt faux que j'aie quitté mon armée comme La Fayette. Les faits, les circonſtances, les motifs qui ont déterminé le ſeul voyage que j'aie fait à Paris, tout eſt différent.

Au mois de Juillet dernier, vingt Bataillons ſeulement, couvroient Lyon & Grenoble : le reſte de l'armée du Midi étoit diſtribué ſur le Var, réparti dans les places des hautes & baſſes Alpes, ou employé à la pourſuite du rebelle du Saillant. Le Miniſtre Lajard me demanda ces vingt Bataillons pour renforcer l'armée du Rhin : je crus devoir repréſenter l'imminent danger d'un mouvement qui ouvroit le cœur du Royaume aux ennemis, & qui leur laiſſoit la faculté de marcher ſur Lyon ſans trouver la moindre réſiſtance. On n'eut aucun égard à mes repréſentations; les plus juſtes alarmes ſe répandirent dans le Midi, elles provoquèrent des adreſſes, des Départemens de l'Iſere, de la Drome, du Gard, de l'Herault, de Rhône & Loire, &c. Pour toute réponſe, les ordres de marcher furent adreſſés aux troupes : je crus alors devoir aux Citoyens dont la défenſe m'avoit été confiée, l'eſſai d'un dernier effort pour obtenir ce qu'ils avoient inutilement demandé : je courus à Paris, je démontrai juſques à l'évidence, le danger auquel la France méridionale alloit être expoſée; les Miniſtres, les Comités, l'Aſſemblée elle-même furent frappés de mes raiſons; on renonça au départ des vingt Bataillons; les ordres furent retirés, & je retournai à mon poſte.

Lorſque je me ſuis préſenté à l'Aſſemblée Nationale au mois de Juillet dernier, je n'ai fait qu'obéir à un

Décret exprès qui m'y mandoit ; je n'y ai fait aucune pétition, je lui fis feulement hommage d'un nouveau moyen que j'avois imaginé pour oppofer promptement à nos nombreux ennemis, des forces fupérieures aux leurs : l'Affemblée Législative daigna m'écouter avec bonté & accueillir ma propofition.

Comment le Rapporteur peut-il foutenir que j'aie exagéré les forces du Roi de Sardaigne ? J'ai dit à l'Affemblée Législative que les troupes de ce Prince répandues depuis le lac de Genève jufqu'au rivage de la Méditerranée, montoient à 50000 hommes ; j'ai dit que dix mille Autrichiens arrivés dans le Milanois, pourroient s'y joindre d'un moment à l'autre, que même le bruit commun du pays annonçoit leur prochaine arrivée en Piémont, & qu'ainfi nos moyens de défenfe, devoient être proportionnés aux moyens d'attaque d'une armée de foixante mille hommes : celui qui m'accufe d'exagération, n'a cependant rien contefté au Général Anfelme, lorfqu'il a mandé que le Comté de Nice renfermoit huit mille hommes de troupes réglées, & douze mille hommes de milice. On prétend, fur la foi de M. Duchillau, qui, ajouta le Rapporteur, eft le premier émigré qui ait dit la vérité ; on prétend que le Roi de Sardaigne n'avoit que onze mille hommes de troupes ; nous venons cependant fur la foi du Général Anfelme, d'en compter vingt mille dans le Comté de Nice ; chacun fait que le Piémont eft entouré de forteresses toujours occupées par de nombreufes garnifons. Turin fans doute, n'étoit pas dégarni de troupes, un camp commandé par le Duc d'Aoſte, étoit raſſemblé à Saluces : enfin l'on m'accordera du moins qu'il exiſtoit quelques troupes en Savoye. J'ai envoyé au Miniſtre de la Guerre l'état nominatif des Régimens, qui dans leur retraite ont traverſé les Bauges; cet état ſeul montoit à onze mille hommes, & dans ce nombre n'étoient compriſes, ni la majeure partie des troupes du Chablais, ni celles de Montmélian, des Marches, de Myan, de St Jean de Maurienne, & de la Tarantaiſe. J'ai toujours dit que le Roi de Sardaigne avoit environ dix-huit mille hommes en Savoye, à-peu-près autant dans le Piémont, & le reſte dans le Comté de Nice. Ce que j'ai dit, je le répète encore, & trop de témoins peuvent atteſter cette vérité, pour que j'en craigne l'examen; d'ailleurs l'état militaire du Roi de Sardaigne eſt connu de tout le monde; il eſt imprimé, & après mon entrée à Chambéry, j'en ai envoyé au Miniſtre le tableau original, trouvé dans les papiers de l'adminiſtration. Enfin, quand bien même j'aurois été trompé par les rapports qui m'ont été faits, rapports très multipliés, & qui par leur ſimilitude & par leur authenticité m'ont paru dignes de foi, quel crime aurois-je commis, en tranſmettant des avis que je recevois & qui pouvoient intéreſſer la choſe publique ?

Ma réticence, avec plus de raiſon eut dû paroître coupable, & mon erreur même ne pouvant m'être imputée, n'eut pu être traveſtie en crime que par la plus affreuſe malveillance. Au mois de Juillet dernier, M. Dubois de Crancé, alors membre de mon Etat-major, partageoit mon indignation ſur l'enlévement des vingt

Bataillons. Il fit imprimer une adreſſe au nom de ce même Etat-major, qu'il n'accabloit pas alors de ſes anathémes. Dans cette adreſſe il dénonçoit la perfidie des Miniſtres qui dégarniſſoient la frontiere du Midi, tandis que le Roi de Sardaigne la menaçoit avec une armée de ſoixante mille hommes. M. Dubois de Crancé étoit donc auſſi un impoſteur. Ah! ſans doute, il ne méritoit pas alors la confiance que depuis il a ſi bien reconquiſe! A l'époque dont je parle, on pouvoit croire qu'il me connoiſſoit; depuis deux mois il vivoit à-peu-près ſous le même toit que moi, ma maiſon étoit la ſienne; & dans cette adreſſe à l'Aſſemblée Nationale que j'oſe lui rappeler, pour qu'à l'avenir il ſe fie un peu moins à ſon jugement, je trouve cette phraſe, que ſans doute il s'eſt reprochée bien des fois depuis. "Le Général, „ diſoit-il en parlant de moi, le Général, qui toujours „ étranger à toutes les intrigues, n'embraſſa jamais qu'un „ ſeul parti, celui de la Loi & de l'utilité publique." M. Dubois de Crancé partit alors pour le Var; je ne l'ai jamais revu depuis, que Commiſſaire de la Convention Nationale, accourant pour me deſtituer: il me ſemble que les abſens & les opprimés ont tort avec lui.

Second grief du Rapporteur.

L'Aſſemblée Législative lui a accordé le droit de réquiſition... il a licencié les amis de la liberté, tandis que le canon d'alarme rétentiſſoit encore à Paris.

L'Assemblée Législative en accordant aux Généraux par son Décret du 24 Juillet, le droit de requérir la moitié des Grenadiers & Chasseurs des Gardes nationales, a fixé dans le Décret même, les départemens où le Général de chaque armée pourroit exercer ce droit. Le Décret ne laisse point les Généraux, maîtres de requérir pour d'autres armées que pour la leur. C'étoit à eux à mesurer leur demande sur l'étendue & sur la durée de leurs besoins. Voilà ce que j'ai fait ; j'ai jugé une augmentation de six mille hommes, suffisante pour l'expédition de Savoye, j'y ai borné ma réquisition. Lorsque la Savoye a été si rapidement évacuée, j'ai rendu à leurs travaux, les braves Citoyens qui avoient tout quitté pour servir leur Patrie, & qui n'avoient été demandés que pour un service passager : je me suis donc conformé à ce que me prescrivoient & le bien public & la Loi. Ceux qui me blâment, n'ont pas lu sans doute, le Décret du 24 Juillet. Ils n'en ont pas du moins saisi l'esprit, qui ne fut jamais d'exiger un service permanent, semblable à celui des autres Bataillons de Volontaires, de ces Citoyens pères de familles pour la plupart, qui se dévouoient pour l'instant du péril, & qui, cet instant passé, avoient bien acquis le droit de rentrer honorablement dans leurs foyers.

Troisieme grief du Rapporteur.

On lui a demandé des renforts pour l'armée des Ardennes, & il laissoit dans l'inaction les bataillons de Nismes, d'Avignon, d'Arles, & refusoit des détachemens pour le camp de Châlons.

Il n'y a pas dans ce passage un seul mot qui ne soit une fausseté ; on ne m'a demandé qu'une seule fois dix bataillons de mon armée, au commencement de Septembre ; ils sont partis en trois jours de tems. J'ai plus fait, j'ai demandé moi-même que l'on envoyât sur le Rhin les bataillons nouveaux de volontaires, dont le rassemblement avoit été ordonné à Valence, & ils y ont marché pour la plupart. J'y ai fait passer sans qu'on me le demandât, sans même en avoir exactement le droit, trois bataillons de grenadiers formés à Lyon. Jamais on ne m'a demandé un seul détachement pour le camp de Châlons; & lorsqu'après la conquête de la Savoye, j'ai jugé des bataillons de grenadiers inutiles à mon armée, j'ai proposé à M. Servan d'en faire marcher aux armées du Nord ; j'ai même, en attendant sa réponse, fait partir pour Dijon les grenadiers de l'Ardeche qui étoient à Vienne. Le Ministre m'a mandé qu'il n'en avoit pas besoin, & il a envoyé à ce bataillon l'ordre de rétrograder. J'ai reçu du moins la lettre qui m'instruit de cette disposition, on la trouvera dans les papiers de ma correspondance, elle est du commencement d'Octobre.

Quatrieme grief du Rapporteur.

On lui reproche d'avoir éloigné de lui les Officiers patriotes, & de s'être entouré pour son Etat-Major, d'Officiers perdus dans l'opinion des bons Citoyens.

Je demande que l'on me cite un seul Officier patriote que j'aie éloigné, & que l'on me nomme enfin, un seul de ces Officiers pervers dont je me suis entouré. Je dois dire d'abord, que je n'ai fait aucune nomination; j'ai reçu tous ceux que les Ministres m'ont envoyé, & j'atteste, qu'aucun d'eux ne mérite les imputations banales que la malveillance n'imagine, que pour me forger des torts que je n'ai pas. L'Etat-Major de l'armée que je viens de quitter est bon, il est patriote & sage, & je ne m'en attribue pas l'honneur, car j'ai influé sur bien peu de choix. Je pense qu'il seroit à desirer que les Généraux fussent à cet égard un peu moins dominés qu'ils ne le sont par les Ministres, & que les places de l'Etat-Major ne fussent pas des places de faveur. Mais il seroit trop absurde & sur-tout trop barbare, de ne pas laisser le choix aux Généraux, & cependant de les rendre responsables de ces mêmes choix. Au reste, je ne serois point effrayé de cette responsabilité pour l'Etat-Major sur lequel on cherche à m'impliquer.

Cinquieme grief du Rapporteur.

> Il a favorisé par ses temporisations au Roi de Sardaigne le tems de faire monter son artillerie, & a laissé écouler dans l'inaction la saison la plus propre aux opérations militaires. La menace d'un décret de destitution est le seul mobile qui l'ait enfin déterminé à s'émouvoir & à entrer en Savoye ; il n'y est entré que le 23 Septembre, au lieu du 15 Août.

Il est bien étrange qu'au nom du Conseil Exécutif, personne n'ait restitué la vérité des faits qu'assurément le Conseil n'ignore pas, & que le Rapporteur a si étrangement défigurée.

Je ne releverai pas ce qu'il dit de l'artillerie du Roi de Sardaigne, dont il parle comme de ces machines que l'on démonte, & que l'on ne remonte que dans certaines occasions, comme si des canons une fois sur leurs affuts n'y demeuroient pas, ou comme si c'étoit une longue opération que de les y replacer quand on les en a ôtés. Cet article ne mérite pas une réponse sérieuse ; mais je m'expliquerai comme je le dois, sur ma prétendue inaction, qui, suivant le Rapporteur, n'a pu être stimulée que par la crainte d'un décret de destitution, & sur mon entrée en Savoye, qui suivant lui, auroit dû avoir lieu le 15 Août, & ne s'est effectuée que le 23 Septembre.

Du moment où il a existé un Conseil Exécutif provisoire au mois d'Août, ses régistres doivent contenir la preuve que pour la premiere fois on pensoit à l'attaque de la Savoye, & que je fus autorisé à faire les préparatifs de cette expédition. Ils étoient fort avancés lorsque le 1er Septembre, le Ministre de la guerre m'envoya un courier tout exprès pour m'apporter au nom du Conseil, l'ordre de cesser tout préparatif, d'envoyer dix bataillons vers Fontainebleau, & de me renfermer dans la plus stricte défensive, le Conseil ayant arrêté de ne former aucune entreprise, tant que la République seroit dans le danger où la mettoit l'invasion des armées Prussienne & Autrichienne. Ce courier m'arriva le 4 à Cessieux. Je répondis sur le champ par l'envoi des bataillons qui m'étoient demandés, & par des représentations très-vives sur l'avantage que la République Françoise trouveroit à l'exécution du plan que j'avois formé; plan qui étoit mur, & dont le succès ne me paroissoit pas douteux. J'en envoyai le détail au Ministre; j'y joignis l'ordre de marche déjà préparé; je le priai d'observer que le succès de cette opération rendroit aux armées du Nord, ou à la défense des Pirenées, la moitié des troupes qui étoient employées sur les Alpes, qu'il releveroit la considération de la France, qu'il balanceroit les pertes que nous faisions alors tous les jours au Nord, & que peut-être il opéreroit une diversion utile. Cette dépêche arriva à Paris le 7 Septembre, & le 8, M.

Servan m'écrivit une lettre dont l'original eſt dans mes papiers. Il me mandoit qu'il avoit mis ma lettre du 4, ſous les yeux du Conſeil, que l'on n'avoit pas cru poſſible qu'en donnant les ſecours que l'on m'avoit demandés, je puſſe encore entreprendre la conquête de la Savoye; mais que le Conſeil, après avoir pris connoiſſance de mon plan, ſe fioit à l'aſſurance du ſuccès que je lui donnois, & m'accordoit toute liberté pour agir ſuivant le projet que je lui avois communiqué. Je reçus le 11 Septembre cette dépêche du 8; je repris auſſi-tôt les arrangements que j'avois été forcé de ſuſpendre; j'expédiai un courier à M. Anſelme, avec ordre d'attaquer le Comté de Nice; je mis mon armée en marche dès le 14; j'arrivai à Barreau le 20; j'attaquai la nuit du 21 au 22, & c'eſt le 23 que l'on me deſtituoit à la Convention Nationale. Voilà des faits précis, dont les preuves matérielles ſe trouvent certainement dans le porte-feuille du Miniſtre de la guerre, ainſi que dans les cartons de mon ſucceſſeur. Je demande à préſent s'il eſt poſſible de lire ſans indignation, le roman d'un Rapporteur qui évidemment a puiſé ſes aſſertions dans les libelles, que la haine auſſi ſtupide qu'atroce, s'eſt plue à compoſer contre un Citoyen qui n'a ceſſé d'obéir à la volonté Nationale, mais qui dédaigna toujours d'appartenir à aucune faction.

Il réſulte de cette explication, dont je demande l'examen & la preuve, & ſur laquelle au défaut des pièces, je pourrois citer cent témoins, il en réſulte, que les premiers ſuccès de la France, ces ſuccès qu'aucun deuil n'a empoifonnés, qu'aucun excès n'a flétris, ne font dûs qu'à moi feul, à l'évidence de mes raifons, à la fageffe de mes plans, & à la fermeté de mon caractere; il en réfulte, que les lâches détracteurs qui m'en veulent ravir la gloire, font obligés de récourir aux plus groffiers & aux plus impudens menfonges.

Sixieme grief du Rapporteur.

Il a dilapidé les finances par plufieurs marchés.

Il me feroit difficile de répondre à ce chef d'accufation & même de le comprendre, fi des fragmens du rapport de M. Cambon, ne m'avoient appris que l'on avoit voulu m'impliquer dans l'affaire de M. Vincens.

La veille de mon évafion j'avois eu la douleur de faire exécuter l'ordre de l'arreftation de M. Vincens. Jamais l'obéiffance paffive n'a été plus méritoire, car jamais on n'a été plus perfuadé que je le fuis, de fon irréfragable probité: le premier des marchés qu'on lui reproche eft inférieur au prix accordé par écrit à l'entrepreneur, par trois Commiffaires de l'Affemblée Nationale, revêtus à l'armée de tous les pouvoirs. Le fecond n'a eu lieu, que par la néceffité d'obéir à un décret de l'Affemblée Nationale & de réparer l'inconcevable négligence du Pouvoir Exécutif. Le troifieme m'eft inconnu, parce qu'étant fait pour une dépenfe ordinaire, il n'avoit pas befoin de mon autorifation. Mais j'en juge fans le connoître, & par l'honnêteté bien certaine du

Commiſſaire-général qui l'a reçu, & par le peu d'empreſſement que témoigne à le remplir, celui au profit de qui il eſt paſſé. Ces trois marchés ſont jugés nuls & frauduleux, ſans qu'aucun des accuſés ait été entendu. Nuls? c'eſt poſſible; il ne faut pour cela qu'une grande autorité; mais frauduleux! L'autorité n'y peut rien, il faut des preuves, il faut une inſtruction, & il n'y en a pas eu. Mais fuſſent-ils tels qu'on les a jugés d'avance, qu'a de commun le Général, avec le prix des marchés à la confection deſquels la loi ne l'appele pas, & qu'il ne viſe qu'en raiſon des formes établies par la tréſorerie Nationale, pour conſtater qu'il n'a pas été fait de dépenſes extraordinaires, ſans l'ordre du Général & par conſéquent ſans néceſſité?

Je déclare donc formellement que je n'ai aſſiſté à aucun marché; que je n'en ai vu aucun; que la Loi ne confie pas ce ſoin aux Généraux; que leurs autres obligations les en éloignent inévitablement; & j'atteſte que j'ai mille preuves de la ſcrupuleuſe probité de M. Vincens, de ſa rare intelligence & de ſon zele infatigable. Mon témoignage, ſans doute, eſt devenu bien foible: mais c'eſt du moins une dette que je paye à la vertu. J'arrive au véritable motif, ou du moins à l'occaſion du Décret lancé contre moi; je n'en ai parcouru juſques à préſent que les préliminaires, & en effet, dès que l'on a pu écouter avec quelque confiance ce long tiſſu d'impoſtures, dès que perſonne dans ce nombreux auditoire, n'a voulu ni pu rechercher la vérité, dès que tous les Miniſtres témoins néceſſaires de tous les faits que je viens de rappeler ont été affez lâches pour fe taire, il me paroît tout fimple qu'après un tel préambule entendu fans réclamation, on foit arrivé au moment des conclufions du Rapporteur avec les préjugés les plus défavorables. Mais examinons les piéces à la main, ce principal chef d'accufation.

Septieme grief du Rapporteur.

Il a fait une tranfaction honteufe dans laquelle les intérêts & la dignité Nationale fe trouvent compromis. Il a enchaîné devant Geneve la valeur de nos foldats; il a terni la gloire du nom François, en faifant avec quelques ariftocrates Genevois, une capitulation qu'une poignée de François avoit refufée à Brunfwick & à fes nombreufes cohortes.

Voilà bien des paroles injurieufes, fans doute; voyons ce que deviendra tout cet échafaudage devant la vérité.

Il n'étoit point entré dans mon plan de campagne, de faire aucune autre expédition cette année que celle de la Savoye: j'avois encore un foin bien important à remplir, celui de fortifier les paffages de Savoye en Piémont, foin que l'on m'a forcé de négliger en m'envoyant à Geneve. J'étois encore à Chambéry le 4 Octobre, lorſque j'appris que le Conſeil Exécutif demandoit le renvoi d'une garniſon de 1600 hommes, dont la République de Geneve venoit de réclamer le ſecours des Cantons de Zurich & de Berne. M. Servan m'écrivoit de porter auſſi-tôt qu'il ſeroit poſſible des troupes ſur Geneve, pour y obtenir de gré ou de force, la ſortie de cette garniſon. La majeure partie de mes bataillons pourſuivoit alors les Piémontois dans la Maurienne & dans la Tarantaiſe. Je n'avois à mon armée, ni mortiers, ni canons de ſiége; je partis cependant pour m'approcher de Geneve, le 5 Octobre, lendemain du jour où j'avois reçu le premier avis du Miniſtre, & lorſque j'eus reconnu le local, je donnai les ordres pour faire marcher les troupes dont j'eſtimois avoir beſoin, & j'envoyai chercher à Grenoble des mortiers & des bombes. Ces divers préparatifs & le tems néceſſaire pour l'arrivée des troupes & pour le raſſemblement des moyens de ſubſiſtance exigeoient au moins quinze jours. Nous étions au 6, je ne pouvois donc ſonger à agir avant le 21.

La nuit même de mon arrivée à Carouge, je reçus des Députés de Geneve, & j'eus avec eux une conférence très-longue, dont je rendis compte au Miniſtre par un courier expédié le 6. Voici ce que M. le Brun, Miniſtre des affaires étrangeres & de la guerre par interim, répondit le 11 à cette premiere lettre du 6, par laquelle, après l'avoir informé de mes premieres meſures, je demandois des ordres & des inſtructions pour ma conduite ultérieure.

“ Vous insisterez sur la sortie des Suisses ; elle est „ commandée par les traités & par l'intérêt de notre „ sûreté. Ce point exécuté, Geneve sera rétabli dans „ son vrai rapport avec la France, & la fraternité & „ l'amitié réciproque, régleront dès-lors tout ce que „ les circonstances rendent nécessaire ”.

Je reçus cette lettre le 14, plusieurs jours avant que je pusse être en état d'exécuter aucun projet d'attaque ; & assurément cette lettre n'étoit pas menaçante : je n'en continuai pas moins tous les préparatifs. Le 17 j'en reçus une autre du même Ministre, M. le Brun, dont je dois encore citer un passage très-important ; elle se termine ainsi :

“ En continuant, Monsieur, à mettre dans votre „ conduite la fermeté que vous avez déjà montrée, il „ est inutile de vous observer que notre intérêt, celui „ de Geneve & de tout le Corps Helvétique est d'éviter „ la guerre... & qu'ainsi vous n'aurez à user des moyens „ de vigueur, qu'après avoir inutilement épuisé ceux „ de la prudence & de la persuasion ”.

A cette lettre étoit joint un extrait des régistres du Conseil Exécutif provisoire, du 13 Octobre, qui ensuite de la demande de l'évacuation de Geneve par les troupes Suisses, contenoit la disposition suivante :

“ Le Conseil confirme l'assurance positive donnée par „ le Résident de France aux Syndics & Conseil de Ge- „ neve, qu'il ne sera porté aucune atteinte à la sûreté „ des personnes & des propriétés, non plus qu'à la „ liberté & à l'indépendance de la République ; en

„ conféquence de laquelle déclaration, il eft entendu „ que les troupes Françoifes ne devront entrer, ni dans „ la ville de Geneve, ni fur fon territoire, dès que l'un „ & l'autre auront été évacués par les troupes Suiffes".

Je demande à préfent à tout Lecteur impartial, fi de femblables inftructions me permettoient de concevoir un plan réel d'attaque fur Geneve, dès-lors que la fortie des Suiffes feroit confentie fuivant la demande & les réquifitions expreffes du Confeil Exécutif?

On doit obferver que, ces difpofitions pacifiques exprimées en termes non équivoques, fembloient devenir plus pofitives à mefure que mes moyens de force s'accumuloient. La faifon étoit fort pluvieufe, le terrein des environs de Geneve eft fort humide; il m'étoit douloureux de voir à quel point les troupes fouffroient dans un camp déteftable & dans des marches pénibles, tandis que leur inutilité me fembloit tous les jours plus certaine & plus démontrée. Enfin s'il me fut refté un feul doute, auroit-il pu fubfifter après la lettre que ce même M. le Brun m'écrivit le 19 Octobre? j'en vais tranfcrire les principaux articles.

Paris le 19 Octobre, l'an 1er de la République.

" J'ai reçu, Monfieur, la lettre que vous m'avez „ écrite le 13 de ce mois.

„ Vous aurez vu par l'arrêté pris le même jour par „ le Confeil Exécutif provifoire, & ratifié le 15 par „ la Convention Nationale, que vos demandes ont été „ prévenues. Il devoit être dans les intentions comme

„ dans

» dans les principes de la République Françoise, de » respecter la neutralité & l'indépendance de Geneve, » du moment où se conformant elle-même aux traités » qui nous lient respectivement, elle éloigneroit de ses » murs les troupes étrangeres qu'elle y avoit appelées » sans notre participation, & sous des prétextes qui » nous étoient injurieux.

» Vous êtes donc pleinement autorisé, Monsieur, » à déclarer aux Syndics & Conseil de Geneve, que » vous n'avez l'ordre d'entrer dans cette ville & sur » son territoire que dans la supposition où l'on persis» teroit à y conserver les troupes étrangeres que l'on » y a appelées; mais que dans le cas contraire vous » avez à vous abstenir d'y entrer & de donner aucune » suite au différent qu'a occasionné l'appel de ces » troupes.

» Quant aux craintes que l'on pourroit concevoir » pour l'avenir & au sujet desquelles on pourroit de» mander des sûretés, la modération dont nous usons » dans la circonstance présente, & les principes que » professe la République Françoise, suffiroient sans » doute pour les bannir. Mais le traité de 1782, ren» fermant des dispositions contraires à ces principes, » il étoit de la justice & de la dignité Françoise de ne » pas laisser subsister un pacte dicté par la tyrannie: » il vient d'être abrogé formellement par un Décret » de la Convention Nationale, rendu le 17 de ce mois. » Ainsi, non-seulement nous reconnoissons l'indépen» dance des Genevois, mais nous détruisons encore

„ les armes dont on pourroit ſe ſervir pour y porter „ atteinte.

„ D'après ces diverſes diſpoſitions, Monſieur, je me „ perſuade qu'il ne vous ſera pas difficile de déter- „ miner Geneve à écarter de ſes murs les troupes de „ Berne & de Zurich qui y ſont en garniſon.

„ Si cependant malgré ces déclarations . . . .

„ Mais j'eſpère que cette meſure ne ſera pas néceſ- „ ſaire & que vous ſaurez prévenir & applanir toutes „ les difficultés que l'on pourroit oppoſer au ſuccès de „ notre négociation.

„ La confiance que vous inſpirez au Conſeil Exécu- „ tif, l'a déterminé à vous charger d'une autre négo- „ ciation à entamer immédiatement après que l'affaire „ de Geneve ſera terminée.

„ Vous ſavez, Monſieur, quelle eſt notre poſition „ actuellement avec le Corps Helvétique. . . . . „ . . . .

„ Au ſurplus, Monſieur, le Conſeil Exécutif s'en rap- „ porte à vous, avec une entiere confiance, du choix „ & des moyens qui vous paroîtront les plus propres „ à remplir l'objet que nous avons en vue, celui de „ de nous replacer à l'égard du Corps Helvétique dans „ notre ancienne poſition ".

Le Miniſtre des affaires étrangeres,

LE BRUN.

Me dira-t-on encore que j'ai enchaîné la valeur des ſoldats, que j'ai terni la gloire de nos armes, que je devois foudroyer Geneve, au lieu de traiter avec les Syndics & Conseil de cette République? Enfin, me soutiendra-t-on encore qu'il s'agissoit d'une capitulation?

Je devois demander la sortie des Suisses, & ce point exécuté, la fraternité & l'amitié devoient renaître.

Ayant obtenu la sortie des Suisses, je devois m'abstenir d'entrer ni dans Geneve ni sur son territoire.

Je devois reconnoître son indépendance, & par conséquent traiter avec cette République comme avec un Etat libre. Les ordres dont j'étois porteur, me plaçoient vis-à-vis des Syndics & Conseil de Geneve. Qu'ils fussent Aristocrates ou qu'ils ne le fussent pas, je ne pouvois me dispenser de traiter avec eux.

Un traité semblable n'est point une capitulation, il ne s'agissoit ni de prendre ni de rendre Geneve; ainsi le mot *capitulation*, est aussi ridicule ici, que la comparaison de Brunswick est déplacée.

En me reprochant d'avoir traité *avec quelques Aristocrates Genevois*, le Rapporteur ne voudroit-il point aussi m'imputer, comme M. Claviere, de m'être laissé tromper par eux, & de leur avoir sacrifié pour toujours, la Révolution à laquelle je pouvois, disoit-on, les forcer en faveur de l'égalité politique? Mais outre que ce n'étoit point là l'objet de ma mission, je ne tardai pas à me convaincre qu'une pareille révolution étoit inévitable, & qu'elle ne peut même point tarder, puisque tous les Genevois influens, le sentent & s'y préparent. J'eus soin d'en informer M. Claviere, qui sembloit se défier de l'attrait de nos principes, & je pense les avoir appréciés mieux que lui, en me reposant pour leur prochain triomphe dans Geneve, sur l'empire de la raison, qu'en accélérant & en souillant ce triomphe par les intrigues, les basses menées, & les agitations, que m'indiquoit ce Ministre.

On vient de voir à quel point le Conseil Exécutif me témoignoit de confiance le 19 Octobre. Je ne connoissois point du tout M. le Brun; je ne pouvois donc devoir cette confiance qu'à ma correspondance & à mes principes, je n'en ai pas changé dans tout le cours de cette affaire: si j'ai eu tort à la fin, j'ai eu le même tort au commencement, & j'en trouve la preuve dans toutes mes lettres antérieures à la marque d'estime que le Conseil me donne le 19. Dans la premiere de toutes, écrite de Chambéry, je mandois à M. Servan qu'une entreprise sur Geneve seroit toujours embarrassante à motiver, que sa justice ne paroîtroit jamais exacte, ni conséquente à nos principes. Le 6, en rendant compte de ma premiere entrevue avec les Députés de Geneve, dès le lendemain de mon arrivée à Carouge, je mandois au Ministre qu'il pouvoit me désavouer, d'autant mieux que j'avois affirmé que j'étois sans mission; mais que j'avois assuré que si la garnison Suisse se retiroit de Geneve, l'intention de la France n'étoit point d'y faire entrer ses troupes. —— Le 13, je mandois à M. le Brun que l'introduction d'une garnison Françoise dans Geneve me paroissoit directement contraire aux traités dont nous reclamions l'exécution; que nous ne pourrions invoquer en notre faveur que la convenance & par conféquent le droit du plus fort : qu'en demandant la fortie des Suiffes, j'avois toujours déclaré que fi nous l'obtenions de bon gré, nous n'entendions pas mettre de garnifon dans Geneve ; que ce langage me paroiffoit le feul que la juftice avouât, le feul qui convint aux principes de modération que la France n'avoit ceffé de profeffer.

Tels étoient les feuls titres que j'euffe à la confidération & à la confiance, que me témoignoient le 19 Octobre le Miniftre des affaires étrangeres & le Confeil. Pouvois-je penfer qu'en fuivant la même ligne je perdrois fi promptement l'une & l'autre, & que je donnerois lieu à tant de calomnies ?

Voyons donc, enfin, ce que ce traité en lui-même a de fi honteux. On a pu juger par le ton des lettres du Miniftre des affaires étrangeres, quel devoit être celui de la négociation.

Fermeté pour obtenir l'acte de déférence exigé par le Confeil, enfuite fraternité, amitié, juftice ; ce qui loin d'y être contraire, s'affocie à merveille avec la vraie dignité. C'étoit pour la premiere fois qu'un Citoyen François traitoit au nom de la Nation qui avoit proclamé les droits de l'homme & le grand principe de l'égalité politique. Je penfois qu'il étoit beau de montrer cette grande Nation refpectant dans la pratique les principes de la théorie, & traitant d'égal à égal avec un Corps politique fon égal en droits, bien que fon inférieur en puiffance.

Je crus honorer ma patrie en expofant fa doctrine

de juſtice & de modération dans le préambule de l'acte, & en établiſſant une exacte réciprocité dans les articles.— J'accordai un mois pour la ſortie des Suiſſes, afin de marquer des égards à la Nation Helvétique, avec qui j'allois entamer une négociation importante, & aux yeux de laquelle je voulois effacer, s'il étoit poſſible, le mot injurieux d'*expulſion*, employé dans les premieres réquiſitions.

Le Rapporteur trouve toutes ces diſpoſitions, déshonorantes pour la France; il trouve qu'en ſignant cette tranſaction, j'ai compromis la dignité Nationale. Qu'un courtiſan de la Cour de Louis XIV m'eut fait ce reproche, je l'entendrois à merveille, & cela prouveroit ſeulement que le mot *dignité* n'auroit pas la même acception dans ſa langue & dans la mienne. Mais qu'un Républicain admette deux manieres de traiter, l'une vis-à-vis les forts, l'autre vis-à-vis les foibles, & qu'il réſerve pour ces derniers, le ton de la ſupériorité, voilà ce que je n'entendrai jamais, & je le confeſſe, ma politique eſt en ſens inverſe de la ſienne.

On me reproche d'avoir ſtipulé la retraite des troupes & celle de la groſſe artillerie. Mais il falloit bien un terme à notre appareil menaçant, & ce terme étoit fixé par toutes les déciſions de la Convention Nationale & du Conſeil Exécutif, à l'époque de la ſortie des Suiſſes. Falloit-il continuer de menacer, après avoir obtenu tout ce que nous avions demandé? Je ne vois à cela ni grandeur ni utilité. J'avois, il eſt vrai, ſtipulé cette retraite d'une maniere préciſe dans la premiere convention, qui portoit, *que mon armée ne laisseroit dans l'espace de dix lieues autour de Geneve, que les détachemens de troupes, nécessaires au maintien du bon ordre.* C'est d'après mes propres principes que je m'étois exprimé avec cette précision.

Le Conseil a désiré que la retraite des troupes fut stipulée en termes plus généraux. C'est encore de la vieille Diplomatie; mais cela n'a pas souffert la moindre difficulté: le nouvel article porte, *que les troupes Françoises seront retirées & placées de maniere à ôter tout sujet d'alarme à Geneve.* Le résultat de cet article sera absolument semblable au résultat qu'auroit eu le premier. La tête des cantonnemens du corps d'armée, s'il hiverne en Savoye, ne peut être placée qu'à Annecy & à Rumilly, distants de dix lieues de Geneve, & cela tient aux localités: ainsi le sens, l'intention & le fait seront semblables d'après la rédaction que le Conseil a blâmée & d'après celle qu'il a approuvée: je ne vois qu'une vraie différence entr'elles, c'est que la derniere présente un sens plus vague, & qu'entre deux Puissances égales en forces, son interprétation pourroit amener des querelles; au lieu que la premiere pouvoit être exécutée à la lettre.

J'ai peine à croire qu'il soit déshonorant pour une Puissance, que ses négociateurs soient clairs dans leurs engagemens, & qu'ils n'employent ni subtilité ni subterfuge: j'ai pensé, au contraire, qu'il convenoit à la dignité de la République Françoise, de repousser ces tournures captieuses & auxiliaires de la mauvaise foi,

& qu'il lui appartenoit d'opérer encore cette révolution dans le ſtile diplomatique.

Juſques ici le Rapporteur n'avoit fait que dénaturer tous les faits, confondre toutes les époques, & tirer de majeures fauſſes, les plus fauſſes conſéquences; il termine ſon plaidoyer par deux ſinguliers griefs.

Huitieme grief du Rapporteur.

Il a uſurpé le Pouvoir Légiſlatif, en exécutant le traité avant la ratification.

Je pourrois lui demander d'abord comment on uſurpe le Pouvoir Légiſlatif en exécutant. Mais laiſſant de côté cette diſpute de mots, je m'attache au fait, que je déments formellement. Je n'ai fait partir pour s'éloigner à la diſtance de cinq jours de marche, que quelques gros mortiers, que mon ordre ſeul avoit fait mouvoir, & que j'étois libre de déplacer ſans autre autorité que la mienne. J'avois jugé preſſant d'en débarraſſer l'armée, afin de pouvoir rendre au ſervice de l'artillerie de campagne, les chevaux néceſſaires à les reconduire. Pourquoi aurois-je gardé cet appareil de ſiége? J'avois obtenu la ſortie des Suiſſes de gré, je n'avois donc plus à l'obtenir de force. Lorſque j'envoyois le traité à la ratification du Conſeil, je ne pouvois avoir de doute ſur le fond; ſon arrêté du 13ᵉ, ratifié par la Convention Nationale le 15, le Décret de cette même Convention du 17 ratifioit d'avance le traité. Il ne pouvoit y avoir de corrections à déſirer que dans le ſtile, & il ne falloit ni mortiers ni gros canons, pour réformer une rédaction à laquelle la plus grande bonne foi avoit préſidé de part & d'autre. Mais ceux qui me reprochent d'avoir fait retirer l'artillerie de ſiége, n'ont eu garde de dire, que Geneve avoit en même tems fait partir 400 Suiſſes de ſa garniſon : ils oublient ſur-tout un fait bien autrement déciſif pour la conduite que j'avois à tenir ; c'eſt que le 23 Octobre, lendemain du jour où la premiere convention fut ſignée, le même courier qui m'apporta les pouvoirs de traiter avec le Corps Helvétique, apporta au Réſident de France l'ordre de rentrer immédiatement à Geneve & d'y faire la déclaration la plus amicale. Pouvois-je garder une attitude hoſtile après une pareille démarche ?

Ou mes inſtructions ne ſignifioient rien, non plus que le décret du 17 Octobre, ou j'ai dû penſer que la ſortie des Suiſſes étant conſentie, la querelle avec Geneve, non celle de M. Claviere, mais celle de la France, étoit terminée, & en effet un vice de rédaction ne pouvoit rien changer à ce point fondamental de la tranſaction. Le Rapporteur a ignoré ſans doute, ou du moins il n'a pas dit, qu'il m'étoit recommandé de terminer promptement ma premiere miſſion, afin d'en entamer avec le Corps Helvétique une ſeconde, bien autrement importante, & dont tout annonçoit le plus heureux ſuccès : la confiance devoit en être la baſe, & les procédés généreux le moyen. Depuis quand déshonore-t-on ſon pays, en employant de tels auxiliaires ?

Au reste, je n'ai pas fait retirer les troupes: je les ai fait passer seulement des camps où elles souffroient beaucoup, dans des cantonnemens plus sains. Je ne pense pas que ce soit usurper le Pouvoir Législatif.

Neuvieme grief du Rapporteur.

Il a usurpé le Pouvoir Exécutif, en contremandant les troupes qui marchoient vers Geneve par ordre du Conseil.

Je ne peux répondre à cette accusation que par un déni formel. Aucune troupe n'a marché vers Geneve par ordre du Conseil Exécutif; ainsi je n'ai pu en contremander aucune.

Dixieme grief du Rapporteur.

Le Conseil Exécutif lui ayant demandé une seconde fois des troupes pour renforcer l'armée de Custine, au lieu d'obéir il a licencié les bataillons de Grenadiers qui lui restoient, & par-là compromis la sûreté même de la Savoye.

Le Pouvoir Exécutif ne m'a point demandé ni une premiere ni une seconde fois, des troupes pour renforcer l'armée de Custine: voilà par conséquent un dernier fait aussi complettement apocriphe que tous les autres.

Onzieme grief du Rapporteur.

La ſeconde convention du 2 Novembre ne vaut pas mieux que l'autre, & Monteſquiou y a mis tant de lenteur, qu'il a mis le Conſeil dans la néceſſité d'y conſentir à cauſe de la ſaiſon.

Voici quelle eſt la lenteur que j'y ai miſe : la lettre contenant les obſervations de M. le Brun ſur la premiere convention, eſt du 27 ; je l'ai reçue le 31 ; les Commiſſaires ſe ſont raſſemblés le lendemain premier Novembre, & la nouvelle convention a été ſignée le 2.

Monſieur Dubois de Crancé avec ſa généroſité ordinaire, a ſaiſi l'occaſion d'ajouter quelques impoſtures à celles qu'il venoit d'entendre, & que cependant il devoit plus qu'un autre, être en état d'apprécier. Je conçois fort bien, qu'au milieu des acclamations favorables de l'armée que je commandois & des cris de reconnoiſſance des Savoiſiens, il n'ait pas (c'eſt lui-même qui l'aſſure) oſé élever ſa voix contre moi, & qu'il n'ait pû ſe refuſer au plaiſir de l'élever ſans riſque au milieu des clameurs que vomiſſoit la haine. Ce procédé n'eſt pas rare & de ſa part ne m'intéreſſe pas. Je me bornerai donc à examiner ſon opinion.

J'ai, dit-il, organiſé mon Etat-major dans le ſens de La Fayette. Pourquoi donc a-t-il trompé la Convention Nationale, en lui écrivant de Chambéry que mon Etat-major étoit bon ?

Pourquoi ajoute-t-il que j'avois dû donner des renforts à l'armée de Kellermann; tandis qu'il eſt impoſſible qu'il ait vu nulle part la trace d'une ſemblable demande ?

Comment peut-il blâmer le parti que j'ai pris de renvoyer dans leurs foyers, les bataillons de Grenadiers dont je n'avois plus beſoin, lui qui le lendemain de mon départ pour Geneve, a été témoin à Chambéry des inconvéniens qu'il y auroit à les garder, lorſque n'étant plus néceſſaires à l'armée, il leur eſt bien permis de ſe rappeler qu'ils ſont néceſſaires à leurs familles? a-t-il oublié qu'au moment de l'eſpèce d'inſurrection qui eut lieu dans cette ville, il n'oſa pas ſe montrer pour l'appaiſer, & qu'il n'imagina pas de moyen plus expéditif qu'un ordre de départ ? cependant il n'étoit pas en droit de le donner, car ce n'eſt pas pour commander les armées & faire marcher des troupes à l'inſçu des Généraux, que la Convention Nationale envoye des Commiſſaires.

M. Dubois de Crancé cite méchamment le conſeil qu'il prétend m'avoir donné de jetter quelques bombes dans Geneve, pour accélérer la négociation; il cite plus méchamment encore la réponſe qu'il m'attribue. Sa mémoire l'a mal ſervi, la mienne le ſervira plus mal encore. La vérité eſt que pendant tout le tems que M. Dubois de Crancé a été à mon quartier-général, il n'a ceſſé de tenir les plus mauvais propos en arriere de moi. Tandis que le Conſeil Exécutif me recommandoit d'épuiſer les voyes de conciliation, tandis que je n'avois encore à ma difpofition que deux mortiers & cent bombes, M. Dubois de Crancé difoit dans la rue que j'aurois dû brufquer cette affaire, & que j'y mettois beaucoup de molleffe. Enfin il s'eft conduit à Chambéry & à Carouge comme il fe conduira par-tout, en homme dangereux, mais dont la préfomption ne fert heureufement qu'à faire appercevoir plutôt la foibleffe des moyens. Fatigué de ce qui me revenoit tous les jours de l'indifcrétion de fes propos, je voulus enfin la veille de fon départ l'obliger à me parler en face : c'eft là qu'en préfence de fes Collégues & de quelques Officiers généraux, j'établis une difcuffion fur les différens partis que l'on pouvoit prendre & fur les inconvéniens qu'il falloit prévoir. En parlant de bombardement, je me rappele en effet d'avoir dit, qu'il exiftoit en Europe quelques villes dont le fort en raifon des rélations de commerce, intéreffoit l'Europe entiere ; que je regardois Geneve comme une de ces villes, & que la France, en la bombardant, porteroit peut-être un coup très-funefte à fa propre capitale.

Je me rappele encore que j'interpellai M. Dubois de Crancé, pour lui demander ce qu'il feroit à ma place ; il me répondit qu'*il jetteroit Geneve dans le lac, & qu'enfuite il inviteroit les Suiffes à venir la repêcher.* Ce feroit fans doute une très-belle opération ; je ne fais pas s'il exécuteroit fes plans auffi bien qu'il les conçoit ; mais je fuis forcé de convenir que fes conceptions font au-deffus de ma portée.

Je crois avoir répondu à toutes les allégations qui

m'ont été faites; mais peut-être voudroit-on jetter quelque doute ſur l'authenticité de mes citations; je rappele ici ma ſommation expreſſe à tous les Membres du Conſeil Exécutif, de démentir, ou d'atteſter les faits que je viens d'expoſer; ils ont toutes les piéces originales dans les mains; ils doivent la vérité à la Nation, ils doivent me confondre ſi je ſuis un impoſteur.

Je ne connois pas celui qui me remplace, mais ainſi que toute la France, je le regarde comme un homme loyal, & je l'interpelle également de déclarer la vérité: il a dans ſes mains toutes les lettres des Miniſtres, toutes les minutes des miennes; je ne me ſuis réſervé que les originaux de ma correſpondance Miniſtérielle, relative à la négociation de Geneve, & je ne l'ai miſe en ſûreté, que lorſque j'ai été forcé de ſoupçonner de la mauvaiſe foi dans un de ceux avec qui j'étois en relation. Mais j'ai laiſſé ſur mon bureau les copies de cette correſpondance: ainſi, rien ne manque à l'appui des vengeances que j'appele ſur moi ſi je ſuis coupable; mais que du moins au moment où la liberté règne en France, la vérité n'y perde pas les droits que le deſpotiſme même n'oſoit diſputer à l'évidence.

Et vous Législateurs, qui ſans doute ne voulez pas ſouiller votre honorable caractere par toutes ces petites paſſions, l'opprobre des Cours, ne mettez pas votre dignité à ſoutenir une injuſtice & à vous croire infaillibles alors même que l'on vous a trompés. Soyez tranquilles, je ne veux plus me mêler de ma vie des affaires publiques, elles m'ont laissé des souvenirs trop amers : refusez-moi le feu & l'air, vous le pouvez; mais laissez-moi l'honneur, vous me le devez; & le cri de la vertu opprimée, ne peut manquer de se faire entendre aux Représentans de la générosité Françoise.

Signé A-P. MONTESQUIOU.

LETTRE

De Mr. MONTESQUIOU,

Général de l'armée des Alpes,

à Mr. VERGNIAUX,

Membre du Comité Diplomatique.

Du 7 Novembre 1792.

VOUS êtes un homme d'honneur & un excellent Citoyen. C'est à ces titres, Citoyen, que je veux vous faire parvenir la vérité que l'on vous déguise. Je joue ici un rôle avilissant pour la Nation & pour moi, & c'est aux passions d'un seul homme que je vois sacrifier les plus chers intérêts de la République. Claviere m'écrivoit aussi-tôt après mon entrée en Savoye. " J'espére „ que vous entrerez bientôt à Geneve: il faut détruire

„ ce nid d'Ariſtocrates & y pêcher tous les tréſors que „ nous y avons enfouïs. " Je ne répondis pas à cette phraſe de brigands. J'eus quelques jours après l'ordre de m'approcher de Geneve avec mon armée, pour en faire ſortir de gré ou de force les troupes Suiſſes que les Genevois y avoient appelées. A peine arrivé aux environs de Geneve, une Députation vint me trouver, & je ne lui cachai pas l'objet de ma miſſion. Je vis bientôt que notre guerre avec le Roi de Sardaigne, n'étoit que le prétexte des précautions dont nous nous plaignions, & que leur véritable cauſe étoit une lettre de Claviere, à-peu-près ſemblable à la mienne, qui avoit couru dans Geneve & qui me fut montrée écrite de ſa main. Il y invitoit ſes chers Compatriotes à ne pas fermer leurs portes aux François, & à les bien recevoir dans leurs murs, s'ils ne vouloient pas qu'ils les eſcaladaſſent. Je n'héſitai pas à déſavouer un deſſein ſemblable, & je déclarai que ſi les Suiſſes ſortoient d'une maniere amicale, je n'avois aucun ordre pour violer le territoire de la République. La confiance ne ſe rétablit pas en un jour. J'eus le tems d'écrire à M. le Brun que j'avois cru pouvoir aſſurer Geneve, que les François n'y entreroient pas ſi les Suiſſes en ſortoient de gré à gré. Il me répondit loyalement que je pouvois en prendre l'engagement ; je le pris en effet, & des conférences en règle s'établirent, pour terminer à l'amiable le différent qui s'étoit élevé. J'y portai la plus grande bonne foi, & je dois dire qu'on y répondit avec loyauté, & que la correſpondance de

M.

M. le Brun a toujours indiqué des intentions très droites : content ſans doute, des intentions qu'il trouvoit dans la mienne, il me donna carte blanche, & je parvins à faire prononcer le conſentement au renvoi des Suiſſes. Mais l'exiſtence de Claviere au Conſeil de France & les preuves de ſa haine les inquiétoient toujours. Ils inſiſterent long-tems pour garder 800 hommes; je me montrai inébranlable, & la ſortie entiere fut conſentie.

Sur ces entrefaites, le Conſeil Exécutif ſentit que l'occaſion étoit favorable pour amener une réconciliation ſincère avec les Suiſſes. Il m'avoit été remis de leur part, des déclarations très-amicales, que j'avois fait paſſer au Miniſtre. J'avois reçu l'ordre exprès, d'entamer une négociation avec eux dans les termes les plus affectueux. Je ſentis alors qu'il falloit commencer par effacer l'expreſſion brutale, d'*expulſion*, que nos déclarations avoient employées en demandant leur ſortie, & en conſéquence, j'accordai un mois pour leur retraite, parce qu'il me paroiſſoit d'ailleurs fort peu intéreſſant qu'ils évacuaſſent Geneve un mois plus tôt ou plus tard. Chargé de rédiger la convention, je conçus que le premier acte diplomatique de la République Françoiſe, vis-à-vis de la plus petite République du monde, devoit porter le cachet de la véritable grandeur, celui de la modération & de la juſtice. Je m'attachai à écarter toute idée de proportion dans la taille & dans la force des deux parties contractantes, & j'élevai, pour ainſi dire, Geneve ſur un piédeſtal, pour placer presque sur la même ligne, deux peuples libres qui avoient des affaires à arranger ensemble. L'accord fut conclu, signé & envoyé, & j'entamai suivant les ordres que j'avois reçu, la négociation avec les Suisses. Ma surprise fut grande, lorsque j'appris que des idées, non pas de grandeur, mais de gloriole, avoient amené des critiques sur quelques articles du traité. J'eus ordre d'y proposer des changemens; ils étoient peu importans, les bases étoient admises, le préambule approuvé : je n'eus qu'à présenter les observations du Ministere. J'avois gagné la confiance, on consentit à tous les changemens. Une seule observation fournie par M. Claviere, étoit placée en *post-scriptum* à la dépêche de M. le Brun. Cette note disoit qu'en 1743, les Suisses ayant été appelés à Geneve, il avoit été porté une loi, pour que rien ne fut proposé au Conseil Général pendant que les troupes étrangeres y seroient. On demandoit qu'il en fut de même dans cette occasion, parce que, disoit-on, le Conseil de Geneve avoit l'intention d'augmenter sa garnison. Je fis cette demande. On me répondit en me montrant la Loi de 1743, renouvellée le 23 Septembre dernier, avant l'entrée des Suisses ; il ne me restoit donc rien de nouveau à conclure, suivant la recommandation instante du Ministre : la convention réformée, fut signée & envoyée par le Sécretaire de légation du Résident de France. Il est bon de vous observer qu'avec la lettre de M. le Brun, très honnête, très approbative de l'acte presqu'entier, j'en avois reçu une de Claviere pleine de reproches, presque de menaces, critiquant tout ce que le Conseil approuvoit, & n'annonçant que des intentions odieuses. Malgré cela, j'espérois que mon second message réuniroit toutes les volontés, & j'avois fait peu d'attention à des lettres réitérées du Ministre de la guerre, qui me recommandoit toujours de faire les plus grands préparatifs militaires, lettres auxquelles je répondois innocemment que ce n'étoit plus la peine. Enfin, avant-hier, Mr. Geneſt, Ministre de France en Hollande, m'est arrivé, porteur d'une nouvelle instruction, & chargé d'une demande expresse, pour que le Conseil Général de Geneve ne puisse pas être assemblé avant le départ des Suisses. Cette demande est absurde & inadmissible. 1°. Nous avons moins que jamais le droit de la faire, depuis le Décret du 17 Octobre. 2°. Les Suisses ne peuvent être renvoyés que par le Conseil Général qui les a appelés. La ratification ne peut être faite que par lui; ainsi il est évident que Claviere, abusant de la bonne foi du Conseil, suit sa premiere idée, & veut amener une rupture en demandant l'impossible. Il est évident que la guerre avec les Suisses prêts à se réunir à nous, lui est fort indifférente, pourvu qu'il puisse faire assommer quelques *magnifiques* qu'il hait. Je suis confirmé dans cette opinion par une nouvelle lettre du 1er Novembre, que j'ai reçue hier du Ministre de la guerre, pour me recommander encore les plus grands préparatifs. Je les fais ces préparatifs, pour qu'on n'ajoute pas aux calomnies que déja l'on fait circuler sur moi, de nouveaux griefs. Mais vous qui avez des talens & des vertus, souffrirez-vous que le berceau d'une République qui fixe les yeux de l'univers, soit souillé de tous les vices qui infectoient les Cours ? Souffrirez-vous cette représentation scandaleuse, de la fable du loup & de l'agneau ? Serons-nous plus honorés, plus puissans quand nous aurons écrasé le plus foible de nos voisins, commis une grande injustice, & allumé une nouvelle guerre ? Je vous le demande : cette iniquité que peut-être on vous a déguisée à vous-même, sous un tissu absurde de fables & convertie par Claviere en acte de prudence. Je vous déclare que cette querelle coutera des millions à la France ; que l'armée que j'ai ici déja très-affoiblie par les maladies, y périra toute entière ; qu'au premier coup de canon, les Suisses nous attaqueront ; & que l'année prochaine, il nous faudra ici cent mille hommes au lieu de quinze. Je vous dénonce donc un crime public, & si vous croyez mes récits infidèles ou exagérés, demandez à lire toute ma correspondance, & j'offre d'y joindre dès que vous me le manderez, les lettres originales de la main de Claviere, que je vous ai citées. Vous y verrez la haine indiscrète d'abord, cachée ensuite, puis insidieuse & atroce. Si je peux empêcher le déshonneur de mon pays, en éveillant le zele d'un homme de bien, j'aurois fait une bonne action, & vous celle d'un vrai François. Je meurs de honte, en me voyant l'instrument d'une perfidie que la plupart de ceux qui composent le Conseil ne souffriroient pas, si la vérité leur étoit connue. Je la dépose en vos mains cette vérité, & je ſais que je la remets dans des mains dignes d'elle.

Le Général de l'armée des Alpes.

LETTRE

De Mr. MONTESQUIOU

à Mr. GARAT.

Le 7 Novembre 1792.

L'AMBASSADEUR que le Conſeil Exécutif a envoyé à Geneve pour m'apprendre mon métier, mon cher & ancien Collégue, ne vous dira peut-être pas combien étoit abſurde la miſſion qu'on lui avoit donnée. Il s'en eſt tiré en homme d'eſprit. Il n'a demandé que ce qui étoit poſſible, & il l'a obtenu ſans difficulté. Mais peut-être eſſayera-t-on encore d'égarer les réſolutions du Conſeil dans cette affaire, & mon devoir eſt de l'éclairer. Si j'y connoiſſois un plus honnête homme que vous, c'eſt à lui que j'adreſſerois la vérité; mais par cette raiſon même, c'eſt à vous que je la remets. Je vous envoye la copie d'une Lettre que j'ai écrite ce matin à Vergniaux: je vous prie de la lire avec attention, & vous verrez ſi le fourbe que je vous démaſque, ne va pas par quelque nouvelle hiſtoire chercher à vous faire partager ſes fureurs. Si je ſuis réduit à l'horrible néceſſité d'en être l'inſtrument, je jure que cette Lettre, que ſon infâme correſpondance avec moi, que ſa perfidie, ſeront connues de l'univers entier. Je ne garde le ſecret que ſi l'injuſtice n'eſt pas conſommée.

Vous que l'Ange de la France a appelé à nos conſeils, oppoſez-vous à l'infamie de marcher ſur les pas des deſpotes. J'invoque ici votre ame républicaine & pure, ne repouſſez pas le cri d'indignation d'un honnête homme; ſoyez fort de toute la force de votre vertu, & la France ne ſera pas déshonorée par l'exécrable abus de la puiſſance. Je jouis avec délices dans ce moment-ci, du bonheur de pouvoir parler en homme libre, au dépoſitaire de l'autorité publique. J'ai quelquefois uſurpé ce droit lorſqu'il y avoit du riſque à faire. Il m'appartient aujourd'hui, & j'aime à en uſer, vis-à-vis l'homme le plus eſtimable que je connoiſſe.

Recevez, mon cher Collégue, l'aſſurance bien ſincère de mon inviolable attachement.

Le Général de l'armée des Alpes.

www.ingramcontent.com/pod-product-compliance
Ingram Content Group UK Ltd.
Pitfield, Milton Keynes, MK11 3LW, UK
UKHW020433230726
13925UKWH00004B/1707

9 782014 091854